Fünf Wege zum Glück

Thich Nhat Hanh

Fünf Wege zum Glück

Herausgegeben
von Ursula Hanselmann

Theseus Verlag

Der vietnamesische Zen-Meister Thich Nhat Hanh zählt als Meditationslehrer, Dichter und dezidierter Vertreter einer sozial engagierten Spiritualität zu den bedeutensten buddhistischen Persönlichkeiten der Gegenwart. Weltweit hoch geschätzt wird sein unermüdliches Eintreten für Frieden, Menschenrechte und soziale Gerechtigkeit. Seine besondere Gabe, Menschen des Westens die Lehren des Buddha nahe zu bringen, hat ihn weit über buddhistische Kreise hinaus bekannt gemacht. Thich Nhat Hanh lebt seit vielen Jahren im Exil in Frankreich in der von ihm gegründeten spirituellen Gemeinschaft Plum Village. Er ist Autor zahlreicher Bücher, die weltweit in viele Sprachen übersetzt sind.

Inhalt

Vorwort

Der Buddha lehrte vor 2500 Jahren in Indien und betonte 45 Jahre lang immer wieder: »Ich lehre nichts anderes als das Leiden und den Weg zur Aufhebung des Leidens.« Er zeigte Wege auf, selbst herauszufinden und zu erkennen, wodurch Leiden, Unvollkommenheit und Selbstbegrenzung entstehen, und wies einen Pfad, der leidvolle Zustände in friedvolle, freudige zu verwandeln vermag und schließlich zur Befreiung durch eigenes beständiges Bemühen führt. Es ist der Edle Achtfache Pfad, der uns zu vollkommenem Erwachen, zu Freiheit und zu mehr Menschlichkeit führt.

Dieser Pfad enthält drei Bereiche: *Sila* (Ethik), *Samadhi* (Meditation) und *Prajna* (Weisheit, tiefes Schauen).

Dieses Büchlein handelt von den Silas. Eine gängige Übersetzung der klassischen Form lautet:

1. Kein lebendes Wesen verletzen
2. Nicht-Gegebenes nicht nehmen
3. Ein sittlich reines Leben führen
4. Keine Lügen, verletzende und grobe Worte gebrauchen
5. Sich nicht berauschen (und dies in Worten, Gedanken und Taten)

Thich Nhat Hanh hat diese fünf Aspekte als fünf Übungen der Achtsamkeit für unsere Zeit neu formuliert. Er nennt sie »Achtung vor dem Leben«, »Großzügigkeit«, »sexuelle Verantwortung«, »aufmerksames Zuhören und liebevolles Sprechen« und »achtsamer Umgang mit Konsumgütern«.

Thich Nhat Hanh bezeichnet sie als Achtsamkeitsübungen, denn sie sind keine Gebote, Gelöbnisse oder vorgeschriebenen Richtlinien. Sie sind als Wegweiser und ethische Grundlagen für unser Leben gedacht.

Im Editorial der Zeitschrift *Intersein* (Nov. 2004) heißt es: »Die fünf Achtsamkeitsübungen sind nicht nur wie die Sterne am Himmel, an denen wir uns ausrichten können, sie konfrontieren uns auch mit unseren Idealvorstellungen von uns selbst und können uns helfen, uns liebevoll als die anzunehmen, die wir jetzt gerade sind.«

Buddhistische Ethik bedeutet, aus eigener tiefer Überzeugung und aus freier Entscheidung heraus den Versuch zu unternehmen und bereit zu sein, diese Übungen durch eine achtsame, bewusste Lebensführung im Alltag umzusetzen. Sie sind die Basis für eine »Kunst des achtsamen Lebens« und Voraussetzung für Fortschritte auf dem selbstgewählten spirituellen Weg.

Eine solche Ausrichtung macht deutlich, dass die fünf Übungen der Achtsamkeit ein Angebot für alle Menschen sind – gleich welcher Religion sie angehören –, mehr Zufriedenheit, Mitgefühl, Geduld, aber auch inneren Frieden zu erfahren und darüber hinaus ein Glück, das nicht mehr von äußeren Situationen und Menschen abhängig ist. Das heißt, man muss kein Buddhist, keine Buddhistin sein, um diese Übungen in das eigene Leben zu integrieren, sondern kann dies als Christ, Jude, Muslim oder als jemand, der sich keiner spirituellen Tradition zugehörig fühlt, tun.

Der Grundsatz lautet also: »Ich mache dies zur Übung meines Lebens«, und bedeutet, diese Praxis in unsere Alltagswirklichkeit immer wieder einzubringen.

Die Erfahrungen, die wir damit in unserem Leben machen, geben uns die Kraft und Zuversicht, in unseren Bemühungen nicht nachzulassen, und überzeugen uns allmählich von dem Wert einer solchen ethischen Haltung.

Die Übungen der Achtsamkeit helfen uns, Körper und Geist, aber auch unsere Familie und Gesellschaft zu schützen und gesund zu erhalten.

Das Leben von Menschen, Tieren, Pflanzen und Mineralien zu schützen bedeutet, zugleich sich selbst zu schätzen.

Die zweite Übung will uns für die Ausbeutung anderer Lebewesen und der Natur sensibilisieren und weist uns Wege, andere, heilsame Perspektiven zu entwickeln.

Durch die dritte Übung schützen wir Kinder und Erwachsene vor sexuellem Missbrauch und fördern verantwortungsvolleres Handeln in diesem Bereich.

Die vierte Übung umfasst den gesamten Kommunikationsbereich. Wie gehen wir miteinander um? Wie lernen wir, wirklich zuzuhören und verständnisvoll, liebevoll miteinander zu reden? Die letzte Übung wiederum stärkt unser Bewusstsein für ein achtsames Konsumieren und zeigt, wie wir auf heilsame Weise unseren Körper und Geist nähren können.

Die fünf Silas sind eine hervorragende Medizin für die Probleme und Schwierigkeiten unserer Zeit. Sie werden uns helfen, die Grundlage für einen achtsameren Lebensstil zu schaffen und allmählich uns selbst, aber auch unsere Mitwelt – die Familie, das berufliche Umfeld und die Gesellschaft – zu verändern.

Jack Kornfeld, buddhistischer Lehrer, früherer Mönch und Autor mehrerer Bücher, schreibt zu den fünf Achtsamkeitsübungen: »Den Bereich des wahrhaft Menschlichen zu betreten, die Grundlage für einen spirituellen Pfad zu schaffen erfordert, dass unser gesamtes Handeln von Gewahrsein bestimmt wird: unser Gebrauch materieller Güter, unsere Sprache, all unser Tun. Eine auf Ethik und Harmonie beruhende Beziehung zur Welt macht unser Herz gelassen und leicht und unseren Geist standhaft und klar. Auf einer solchen Basis können wir bewusst leben und verschwenden nicht die außergewöhnliche Chance unseres Menschseins, das heißt die Möglichkeit, ein Leben zu führen, in dem sich Mitgefühl und wahres Verständnis entwickeln und wachsen können.«

Amoghavajra Karl Schmied

Die Fünf Achtsamkeitsübungen

DIE ERSTE ACHTSAMKEITSÜBUNG

Achtung vor dem Leben

Im Bewusstsein des Leidens, das durch die Zerstörung von Leben entsteht, bin ich entschlossen, Mitgefühl zu kultivieren und Wege zu erlernen, das Leben von Menschen, Tieren, Pflanzen und Mineralien zu schützen. Ich bin entschlossen, nicht zu töten, es nicht zuzulassen, dass andere töten, und keine Form des Tötens zu unterstützen, weder in der Welt noch in meinem Denken oder in meiner Lebensweise.

Großzügigkeit

Im Bewusstsein des Leidens, das durch Ausbeutung, soziale Ungerechtigkeit, Diebstahl und Unterdrückung entsteht, bin ich entschlossen, liebende Güte zu kultivieren und Wege zu erlernen, für das Wohlergehen von Menschen, Tieren, Pflanzen und Mineralien tätig zu sein. Ich will Großzügigkeit praktizieren, indem ich meine Zeit, Energie und materiellen Mittel mit denen teile, die sie wirklich brauchen. Ich bin entschlossen, nicht zu stehlen und nichts zu besitzen, was anderen zusteht. Ich will das Eigentum anderer achten, aber auch andere davon abhalten, sich an menschlichem Leiden oder dem Leiden anderer Lebensformen auf der Erde zu bereichern.

Sexuelle Verantwortung

Im Bewusstsein des Leidens, das durch sexuelles Fehlverhalten entsteht, bin ich entschlossen, Verantwortungsgefühl zu kultivieren und Wege zu erlernen, die Sicherheit und Integrität von Individuen, Paaren, Familien und der Gesellschaft zu schützen. Ich bin entschlossen, keine sexuelle Beziehung einzugehen ohne Liebe und die Bereitschaft zu einer langfristigen und verantwortlichen Bindung. Um mein eigenes Glück und das der anderen zu bewahren, bin ich entschlossen, meine Bindungen und die anderer zu respektieren. Ich will alles tun, was in meiner Macht steht, um Kinder vor sexuellem Missbrauch zu schützen und um zu verhindern, dass Paare und Familien durch sexuelles Fehlverhalten auseinander brechen.

Die vierte Achtsamkeitsübung

Aufmerksames Zuhören und liebevolles Sprechen

Im Bewusstsein des Leidens, das durch unachtsame Rede und aus der Unfähigkeit, anderen zuzuhören, entsteht, bin ich entschlossen, liebevolles Sprechen und tiefes Zuhören zu kultivieren, um anderen Freude und Glück zu bereiten und ihr Leiden lindern zu helfen. Im Wissen, dass Worte sowohl Glück als auch Leiden hervorrufen können, bin ich entschlossen, nichts Unwahres zu sagen und Worte zu gebrauchen, die Selbstvertrauen, Freude und Hoffnung fördern. Ich werde keine Nachrichten verbreiten, ohne ganz sicher zu sein, dass sie der Wahrheit entsprechen, und werde nichts kritisieren oder verurteilen, worüber ich nichts Genaues weiß. Ich will Äußerungen unterlassen, die Uneinigkeit oder Zwietracht verursachen können oder die dazu führen können, dass Familien oder Gemeinschaften zerbrechen. Ich bin entschlossen, alle Anstrengungen zur Versöhnung und Lösung aller Konflikte zu unternehmen – so klein sie auch sein mögen.

DIE FÜNFTE ACHTSAMKEITSÜBUNG

Achtsamer Umgang mit Konsumgütern

Im Bewusstsein des Leidens, das durch unachtsamen Umgang mit Konsumgütern entsteht, bin ich entschlossen, auf körperliche und geistige Gesundheit zu achten – sowohl meine eigene als auch die meiner Familie und meiner Gesellschaft –, indem ich achtsames Essen, Trinken und Konsumieren praktiziere. Ich will nur das zu mir nehmen, was den Frieden, das Wohlbefinden und die Freude in meinem Körper, meinem Bewusstsein und im kollektiven Körper und Bewusstsein meiner Familie und Gesellschaft erhält. Ich bin entschlossen, weder Alkohol noch andere Rauschmittel zu mir zu nehmen und keine Nahrungsmittel oder andere Dinge zu konsumieren, die Gifte enthalten, wie zum Beispiel bestimmte Fernsehprogramme, Zeitschriften, Bücher, Filme und Gespräche. Ich bin mir bewusst, dass ich das Vertrauen meiner Vorfahren, meiner Eltern, meiner Gesellschaft und zukünftiger Generationen missbrauche, wenn ich meinen Körper oder mein Bewusstsein derart schädigenden Einflüssen aussetze. Ich werde daran arbeiten, Gewalt, Angst, Ärger und Verwirrung in mir selbst und in der Gesellschaft zu transformieren, indem ich eine angemessene körperliche und geistige Nahrung zu mir nehme. Ich weiß, dass eine bewusste Lebensweise entscheidend ist für meine eigene Veränderung und für die Veränderung der Gesellschaft.

Einleitung

Das 20. Jahrhundert war ein Jahrhundert der Massengewalt und des beispiellosen Blutvergießens. Mit Hilfe der technologischen Entwicklung hat der Mensch heute weitgehend die Macht erlangt, die Natur zu unterwerfen. Wir haben sogar angefangen, in die Chemie des Lebens einzugreifen, um sie für unsere Zwecke anzupassen. Zur gleichen Zeit sind wir trotz neuer und schnellerer Kommunikationsmöglichkeiten immer einsamer geworden. Viele von uns haben kein spirituelles Vertrauen mehr. Ohne spirituelle Grundlage leben wir nur mit dem Wunsch, unserem privaten Vergnügen zu frönen.

Wir glauben nicht länger an irgendwelche Ideale oder Glaubensrichtungen, und viele proklamieren, dass Gott tot sei. Ohne Ideale und einer Ausrichtung, die wir unserem Leben geben können, sind wir entwurzelt. Es fehlt uns die Verbindung zu unseren spirituellen Traditionen, unseren Vorfahren, unserer Familie und unserer Gesellschaft. Viele von uns, besonders die jungen Menschen, geben sich einem Leben hin, das konsumorientiert und selbstzerstörerisch ist.

Kriege, Terror, Aids, Krebs, Geisteskrankheiten, Alkohol- und Drogensucht sind die großen Bürden des Jahrhunderts. Zur gleichen Zeit bringt die Entwicklung auf dem Gebiet der elektronischen und biologischen Technologien der Menschheit neue Kräfte. Wenn wir nicht lernen, mit diesen Technologien umzugehen, werden diese neuen Kräfte uns und andere Lebewesen vernichten.

Während des 20. Jahrhunderts sind aber auch viele Samen der Weisheit gesät worden. Die Wissenschaft, insbesondere die Physik und die Biologie, haben die Natur des Miteinander-Verbundenseins, des Interseins, des Nicht-Selbst, entdeckt. Auf dem Gebiet der Psychologie und der Soziologie ist man zu ähnlichen

Einsichten gelangt. Wir wissen, dass wir entweder zusammen leben oder zusammen sterben werden und dass ohne Verständnis füreinander Liebe unmöglich ist.

Aus diesen Einsichten sind sehr viele positive Anstrengungen erwachsen. Viele von uns engagieren sich für die Umwelt, kümmern sich in einer mitfühlenden Art um Tiere, reduzieren den Verbrauch von Fleisch, gewöhnen sich das Rauchen ab und schränken den Alkoholkonsum ein, leisten Sozialarbeit in unterentwickelten Ländern, setzen sich für Frieden und Menschenrechte ein, führen ein einfaches Leben, fördern den Konsum gesunder Nahrung und lernen die Praxis des Buddhismus als Lebenskunst, um Transformation und Heilung herbeizuführen.

Wenn wir fähig sind, diese positiven Entwicklungen des Wissens und Handelns zu fördern, werden sie zu einer hellen Fackel der Einsicht werden, die der Menschheit den rechten Weg weisen kann.

Wissenschaft und Technologie können sich dann neu ausrichten, um eine neue Form des Zusammenlebens, die sich in Richtung einer lebendigen Einsicht in das Miteinander-Verbundensein, das Intersein und Nicht-Selbst bewegt, zu unterstützen.

Wenn das 20. Jahrhundert das Jahrhundert der Naturunterwerfung war, wird das 21. Jahrhundert eines sein, in dem wir den Wurzeln des Leidens der Menschheit – Ängste, Ichstzentriertheit, Hass, Gier und so weiter – zu Leibe rücken werden.

Wenn das letzte Jahrhundert durch Individualismus und Konsum geprägt war, dann wird das neue Jahrhundert durch die Einsicht in das Miteinander-Verbundensein, das Intersein charakterisiert werden. Dann können die Menschen in wahrer Harmonie miteinander und mit der Natur zusammenleben, in Demokratie und Gleichberechtigung. Freiheit wird nicht länger nur eine Art Freiheit zur Selbstzerstörung oder Zerstörung der Umwelt sein, sondern eine Freiheit, die uns davor bewahrt, von Anhaftung, Hass und Schmerz überwältigt und davongetragen zu werden.

Die Kunst des achtsamen Lebens, wie sie ganz konkret in den Fünf Übungen der Achtsamkeit vorgeschlagen wird, kann der Ausweg für uns alle sein. Die Übungen geben uns eine Ausrichtung für das 21. Jahrhundert. Wenn wir zu unseren eigenen spirituellen Wurzeln zurückkehren, werden wir entsprechende Werte und Einsichten auch dort finden oder wiederherstellen können. Dies ist eine dringliche Aufgabe, die uns alle betrifft.

Das 21. Jahrhundert ist ein grüner, wunderschöner Hügel mit viel Raum, mit Sternen, Mond und allen Wundern des Lebens. Lasst uns diesen Hügel ersteigen, nicht als getrennte Individuen, sondern als eine Gemeinschaft. Lasst uns zusammen aufsteigen, Hand in Hand mit all unseren Vorfahren und unseren Kindern, den spirituellen und blutsverwandten. Lasst uns den gemeinsamen Aufstieg genießen mit unseren Liedern und unserem Lächeln, und erlauben wir jedem Schritt Freiheit, Freude und Frieden in die Welt zu tragen.

Wenn wir über Frieden nachdenken, haben wir meist die Abwesenheit von Krieg und Atomwaffen oder die Abschaffung sozialer Ungerechtigkeiten vor Augen.

Viele von uns scheinen nicht fähig zu sein, den Frieden im gegenwärtigen Moment zu genießen, den Frieden in uns selbst und um uns herum. Frieden ist relativ. Wenn wir in Frieden leben und dieser Frieden vielleicht auch nicht der »perfekte« Frieden ist, so können wir doch gerade jetzt im gegenwärtigen Moment Frieden erfahren.

Wenn wir nicht fähig sind, Frieden zu genießen – wozu sollte er dann gut sein?

Viele von uns finden Frieden langweilig, und so tun wir Dinge, die zu Kriegen führen können. Wir trinken zum Beispiel Cognac, damit wir uns wohler fühlen, wenn uns das

Leben mit der Luft, die wir einatmen, dem Himmel über uns, der Erde, die uns trägt, langweilt – wir brauchen noch etwas anderes.

Wenn wir Cognac trinken, sind wir nicht für den Frieden tätig, denn Cognac wird aus Getreide erzeugt, und in unserer Zeit müssen viele Menschen an Unterernährung sterben, weil sie nicht ausreichend Getreide zur Verfügung haben. Die Tatsache, dass wir Cognac trinken, bedeutet, dass wir unsere Verbindung zu den Menschen in der so genannten Dritten Welt leugnen, und deshalb ist Cognac-Trinken keine friedliche Handlung.

Weil wir oft eine Leere verspüren, die wir füllen möchten, tun wir auch andere unheilsame Dinge: Wir vergiften unseren Körper und unseren Geist oder wir gehen sexuellem Fehlverhalten nach. Wenn wir das tun, zerstören wir unser Glück und das unserer Kinder und Enkel.

Solches Verhalten lässt sich darauf zurückführen, dass wir die Fähigkeit, Frieden zu genießen, nicht erworben haben. Wenn wir uns und unsere Kinder dazu erziehen, Frieden zu genießen, können wir ihn in der Welt stärken und realer werden lassen.

Achtsamkeit im gegenwärtigen Moment zu üben ist die Basis, um Frieden zu schaffen und aufrecht zu erhalten. Ein Mangel an Achtsamkeit beschert uns viel Leid in unserem täglichen Leben. Viele Familien brechen aufgrund von sexuellem Fehlverhalten, Alkoholismus und Drogenmissbrauch auseinander. Die Samen des Leidens werden so an die Kinder und Enkelkinder weitergegeben, die sie wiederum an künftige Generationen übertragen können.

Vielleicht benötigen wir so etwas wie ein »12 Punkte-Programm«, um dieses Leid zu überwinden. Die Fünf Achtsamkeitsübungen anzunehmen und sie zu praktizieren ist ein »Ein-Punkte-Programm«. Das ist noch viel einfacher. Sie sind die Grundlage, um mit anderen zu kommunizieren, sie sind Bestandteil einer friedlichen Koexistenz unter Menschen, aber auch unter den verschiedenen Nationen.

Wir wissen, dass unsere Gesellschaft krank ist. Die Achtsamkeitsübungen zu praktizieren ist eine gute Medizin, die uns und unsere Familien schützen und unser Glück sichern kann.

Die buddhistischen Achtsamkeitsübungen sind keine Gebote, sie sind Manifestationen der Achtsamkeit. Wenn wir achtsam sind, handeln wir auch verantwortlich. Wir sollten uns von niemandem etwas auferlegen lassen. Wir sind freie Menschen und tun nur das, was wir wirklich wollen. Die Übungswege sind keine Gebote oder Richtlinien, die uns unser Verhalten diktieren. Wir brauchen keinen sorgfältig ausgearbeiteten Verhaltenskodex. Achtsamkeit ist völlig ausreichend. Achtsamkeit ist die Fackel, die uns den Weg erhellt.

Die Praxis buddhistischer Meditation widmet sich den wirklich wichtigen Tatsachen des Lebens. Wir können mit ihr unser Leiden im gegenwärtigen Moment betrachten und Wege finden, das Leiden zu transformieren.

Leid ist nicht nur eine persönliche Angelegenheit. Wenn wir uns nur mit der »letztendlichen Wirklichkeit«, der »höchsten Erleuchtung« abgeben wollen, so werden diese Begriffe keinerlei Bedeutung haben, wenn wir sie nicht mit unserem täglichen Leben, unserem täglichen Leiden in Verbindung bringen. Es geht um die wirklichen Probleme unseres Lebens, darum, wie wir sie angehen und hinterfragen.

Die buddhistische Lehre über das Leiden ist sehr tief, sehr umfassend in Bezug auf unseren Umgang mit unserem Schmerz, unserer Angst, unserer Wut und Frustration; ebenso in Bezug darauf, wie wir mit unserer Familie und unserer Gemeinschaft umgehen. Dies alles ist in der Lehre des Buddha enthalten.

Üben wir in richtiger Weise, können wir geheilt werden, Freude empfinden und glücklich werden. Wir brauchen nicht zehn Jahre zu üben, um Ergebnisse zu sehen. Schon ein oder zwei Tage pro Woche können uns Positives und Gutes bringen. Wenn wir dann auf unserem Weg voranschreiten, werden wir auch anderen helfen können.

Ich denke, dass es an der Zeit ist, die Achtsamkeitsübungen sehr ernsthaft zu praktizieren, um dem Leiden in uns zu begegnen und eine Antwort darauf zu finden.

Frieden ist wichtig – wir müssen uns und unseren Kindern vermitteln, wie wir ihn genießen können. Sonst wird Frieden langweilig. Es gibt so viele positive, friedvolle Elemente in uns und in unserer Umwelt. Um mit ihnen in Kontakt zu treten, damit wir ein glückliches und freudiges Leben vor uns haben, müssen wir achtsam leben.

Jemand fragte mich: »Thây, wann weiß ich, dass ich für die Achtsamkeitsübungen bereit bin?«

Ich antwortete: »Je eher, desto besser!«

Achtung vor dem Leben

Im Bewusstsein des Leidens, das durch die Zerstörung von Leben entsteht, bin ich entschlossen, Mitgefühl zu kultivieren und Wege zu erlernen, das Leben von Menschen, Tieren, Pflanzen und Mineralien zu schützen. Ich bin entschlossen, nicht zu töten, es nicht zuzulassen, dass andere töten, und keine Form des Tötens zu unterstützen, weder in der Welt noch in meinem Denken oder in meiner Lebensweise.

Der Mensch ist Teil der Natur

Obgleich wir Menschen Tiere sind, das heißt ein Teil der Natur, sondern wir uns von ihr ab. Wir betrachten andere Tiere und Lebewesen als Natur und verhalten uns so, als wären wir kein Teil von ihr. Dann fragen wir uns: Wie sollen wir mit der Natur umgehen?

Die Antwort lautet: Wir sollten mit ihr so verfahren, wie wir mit uns selbst umgehen sollten – uns nicht schaden und der Natur nicht schaden. Tatsächlich ist die Schädigung der Natur gleichbedeutend mit der Schädigung unserer selbst.

Wir Menschen glauben, wir seien besonders klug, aber eine Orchidee zum Beispiel weiß, wie sie edle, symmetrische Blüten hervorbringen kann. Und eine Schnecke weiß, wie sie sich ein schönes, wohlproportioniertes Haus bauen kann.

Im Vergleich zu deren Wissen erscheint uns das unsere dann gar nicht mehr groß. Wir sollten uns tief vor der Orchidee und der Schnecke verbeugen und in Ehrfurcht unsere Handflächen vor dem Monarchen-Schmetterling und dem Magnolienbaum zusammenlegen. Das Gefühl der Achtung für alle Arten hilft uns, die erhabene Natur in uns selbst zu entdecken. Wenn wir gern Bergwanderungen unternehmen oder ländliche Gegenden oder Wälder besonders schätzen, dann wissen wir, dass die Wälder unsere Lungen sind – nur liegen sie außerhalb unseres Körpers.

Doch haben wir durch unser Verhalten dazu beigetragen, dass die Entwaldung von zwei Millionen Quadratkilometern Land möglich wurde und dass die Luft, die Flüsse und Meere verschmutzt und Teile der Ozonschicht zerstört worden sind. Wir sind in jenem Denken gefangen, das nur nach angenehmen Bedingungen für unser kleines Selbst sucht, während wir zugleich unser großes Selbst zerstören.

Wenn wir diese Situation verändern wollen, dann müssen wir damit beginnen, unser wahres Selbst zu leben. Unser wahres Selbst zu leben bedeutet, dass wir der Wald sein müssen, der Fluss, die Luft und die Ozonschicht. Wenn wir uns als den Wald sehen, dann werden wir die Hoffnungen und Ängste der Bäume erfahren. Wenn wir dies nicht tun, dann werden die Wälder sterben. Verstehen wir, dass wir mit den Bäumen wechselseitig verbunden sind, werden wir auch das Wissen entwickeln, wie wir zum Fortleben der Bäume beitragen können.

In den letzten zwanzig Jahren haben unsere Autos und Fabriken sauren Regen erzeugt, der unzählige Bäume zerstört hat. Da wir mit den Bäumen wechselseitig verbunden sind, „intersind“, wissen wir, dass mit ihrem Ableben auch wir selbst bald nicht mehr da sein werden.

Eine Eiche ist eine Eiche

Das ist alles, was eine Eiche tun muss. Wenn eine Eiche weniger als eine Eiche wäre, würden wir alle in Schwierigkeiten geraten. In unseren früheren Leben waren wir Felsen, Wolken und Bäume. Vielleicht waren wir sogar eine Eiche.

Dies ist nicht nur eine buddhistische Überzeugung; sie lässt sich auch wissenschaftlich begründen. Wir Menschen sind eine sehr junge Spezies. Erst vor kurzem erschienen wir auf der Erde. Zuvor waren wir Pflanzen, waren Bäume, und jetzt sind wir Menschen geworden. Wir sollten uns an unsere vergangenen Leben erinnern und bescheiden werden.

Wenn wir grünes Gemüse betrachten, sollten wir wissen, dass auch die Sonne »grün« ist, nicht nur das Gemüse. Denn die grüne Farbe in den Blättern der Gemüsepflanzen ist der Anwesenheit der Sonne zuzuschreiben.

Ohne die Sonne könnte keine Art überleben. Die Blätter nehmen das Sonnenlicht auf, wenn es auf ihre Oberflächen scheint. Sie behalten die Sonnenenergie zurück und entnehmen Kohlenstoff aus der Atmosphäre, um Nährsubstanz für die Pflanze herzustellen. Ohne Sonne, Wasser, Luft und Erde gäbe es kein Gemüse. Das Gemüse ist sozusagen das Zusammentreffen zahlreicher nah- und fernliegender Bedingungen.

Alles befindet sich in dauernder Umwandlung. Alles Leben ist vergänglich. Wir sind alle Kinder der Erde, und eines Tages wird sie uns zu sich zurückholen. Wir gehen ständig aus der Mutter Erde hervor, indem wir von ihr ernährt werden, und kehren schließlich zu ihr zurück.

Genau wie wir werden auch die Pflanzen geboren, leben eine Zeitlang und kehren dann zur Erde zurück. Wenn sie sich zersetzen, düngen sie unsere Gärten. Frisches Gemüse und sich zersetzendes Gemüse sind Teile derselben Wirklichkeit. Ohne das eine kann das andere nicht sein.

Wir haben viele Tiere und Pflanzen getötet und ihre Umwelt zerstört; viele Arten sind bereits ausgestorben. Im Gegenzug schadet unsere Umwelt nun auch uns Menschen. Die Verschmutzung von Wasser und Luft fordert ihren Tribut.

Unsere Erde – unsere grüne, schöne Erde – ist in Gefahr! Und wir alle wissen es. Wenn wir nicht gut aufpassen, wird unser Erdschiff untergehen. Wir verhalten uns so, als hätte unser tägliches Leben nichts mit der Weltsituation zu tun, aber das ist sicher: Wenn wir unser tägliches Leben verändern – die Art, wie wir denken, die Art, wie wir sprechen, und die Art, wie wir handeln – dann verändern wir die Welt.

Unsere Ökologie sollte eine tiefe Ökologie sein – und nicht nur eine tiefe, sondern auch eine allumfassende Ökologie. Denn es gibt auch in unserem Bewusstsein Verschmutzung. Fernsehen, Filme, Zeitungen sind Formen der Verschmutzung unserer selbst und unserer Kinder. Sie säen Samen der Gewalt und Angst in uns und verunreinigen unser Bewusstsein. Das lässt sich mit unserem Tun vergleichen: Wir zerstören unsere Umwelt, indem wir Landwirtschaft mit Chemikalien betreiben, die Bäume schädigen und das Wasser verunreinigen.

Wir müssen das Ökosystem der Erde und das Ökosystem des Geistes bewahren; sonst wird sich diese Art der Gewalt und Rücksichtslosigkeit noch auf andere Lebensbereiche erstrecken.

Viele Menschen sind sich des Leidens unserer Mitwelt bewusst und ihre Herzen sind voller Mitgefühl. Sie wissen, was getan werden muss. Sie engagieren sich politisch, sozial und im Umweltschutz, weil sie die Dinge zu verändern suchen. Aber nach Perioden intensiven Engagements fühlen sie sich oft entmutigt oder ausgebrannt, weil es ihnen an der nötigen Stärke fehlt, ein Leben der Tat auf Dauer aufrechtzuerhalten.

Wir können erwachen

Im Buddhismus sind Erwachen und Achtsamkeit unsere grundlegende Praxis. Das Wort »budh« heißt »erwachen«, und das Wort »buddha« heißt «erwachte Person«. Buddhismus bedeutet »der Pfad des Erwachens«.

Bei meinen Reisen im Westen habe ich festgestellt, dass viele Menschen, auch viele junge Leute bereits erwacht sind. Sie leben ein einfaches Leben, damit sie mehr Zeit haben, wirklich zu leben und zu lieben. Mehr und mehr Menschen essen weniger Fleisch, weil sie merken, dass Fleischessen sie nicht gesünder macht. Andersherum ausgedrückt: Sie stellen fest, dass sie ohne Fleisch nicht schlechter leben und nicht schwächer werden. Wir können Fleisch durch Tofu, andere Sojaprodukte und Gemüse ersetzen. Inzwischen gibt es in allen Supermärkten Amerikas und Europas eine Vielzahl von Sojaprodukten zu kaufen.

Auch in anderen Bereichen hat sich manches verändert. In fast allen Flugzeugen ist es inzwischen verboten zu rauchen. Es gibt fast nur noch Nichtraucherflüge. Auch die Zigarettenpackungen sind mit Aufschriften wie »Rauchen schadet Ihrer Gesundheit« versehen.

Das halte ich durchaus für Formen des Erwachens.

Es gibt also Menschen, die bereits erwacht sind und Wege finden, gesünder zu leben, so dass die Erde wieder grüner und sauberer wird und unsere Kinder sich noch an ihr erfreuen können.

Ich glaube, die Fähigkeit zum Erwachen ist vorhanden und lässt sich auch weiter entwickeln. Wir sollten nicht zu pessimistisch sein. Wir müssen lernen, das Positive zu sehen und unseren Beitrag dazu und zum Erwachen aller Menschen zu leisten.

Großzügigkeit

Im Bewusstsein des Leidens, das durch Ausbeutung, soziale Ungerechtigkeit, Diebstahl und Unterdrückung entsteht, bin ich entschlossen, liebende Güte zu kultivieren und Wege zu erlernen, für das Wohlergehen von Menschen, Tieren, Pflanzen und Mineralien tätig zu sein. Ich will Großzügigkeit praktizieren, indem ich meine Zeit, Energie und materiellen Mittel mit denen teile, die sie wirklich brauchen. Ich bin entschlossen, nicht zu stehlen und nichts zu besitzen, was anderen zusteht. Ich will das Eigentum anderer achten, aber auch andere davon abhalten, sich an menschlichem Leiden oder dem Leiden anderer Lebensformen auf der Erde zu bereichern.

Wenn wir schenken …

Es gibt drei Arten von Geschenken: materielle Güter, Praxismethoden und Angstlosigkeit. Mit materiellen Gütern kann einem Notleidenden mit Essen, Kleidung, Obhut und Medikamenten geholfen werden. Mit Praxismethoden kann einem Menschen geholfen werden, seinen Ärger, seine Trauer und Verzweiflung zu überwinden. Das Geschenk der Angstlosigkeit kann einem Menschen helfen, das Auf und Ab, das Kommen und Gehen des Lebens mit Gelassenheit zu betrachten. Die Angstlosigkeit ist das wertvollste Geschenk. Wir müssen nicht unbedingt Geld oder Arbeitskraft besitzen, um etwas spenden zu können. Wir können unsere Erfahrungen und Erkenntnisse aus der Praxis weitergeben. Auch sie sind sehr kostbare Geschenke.

Freigebigkeit können wir üben, indem wir die Achtsamkeitsübungen praktizieren. Wenn wir achtsam zu leben verstehen und Achtsamkeit üben, um uns selbst, die Welt und die Gesellschaft zu schützen, ist das ein großes Geschenk an die Welt. Freigebigkeit bedeutet nicht nur, materielle Güter zu spenden. Herzensgröße zu praktizieren ist auch ein großes Geschenk: Wir können Menschen annehmen, ihnen unsere Fürsorge zukommen lassen, uns um sie sorgen. Wenn wir uns in entschlossenem Bemühen üben, können wir Freude und Frieden, Veränderung und Heilung in uns selbst hervorbringen und somit auch in die Welt tragen, das ist auch ein Geschenk. Wenn wir Meditation, Konzentration und tiefes Schauen üben, schenken wir uns Leben, Freude, Stabilität, Verwandlung, und all das geben wir auch den Menschen unserer Umgebung und der Gesellschaft. Wenn wir tiefes Verstehen üben, können wir Menschen mit Verständnis und Weisheit helfen, ihr Leiden zu verwandeln.

Wie können wir unser Herz öffnen, wie können wir es jeden Tag mehr und mehr weiten?

Die Antwort heißt: durch tiefes Schauen, um das Leiden zu verstehen. Dann wird Mitgefühl in uns erwachsen, und unser Herz wird im Lauf der Zeit immer weiter werden. Jeder von uns sollte sich fragen, wie groß, wie weit sein Herz ist.

Je mehr wir geben, desto reicher werden wir

Gibt es etwas, das uns helfen kann, das Tor unseres Herzens zu öffnen und die andere Person, die andere Gruppe, das andere Volk anzunehmen?

Das Tor der Weitherzigkeit ist das Tor zum Frieden. Um unser Herz öffnen zu können und es weit werden zu lassen, müssen wir Verstehen lernen. Wir müssen die Natur der wechselseitigen Verbundenheit, des Interseins, begreifen. Wenn ich mich um dich kümmere, kümmere ich mich um mich. Wenn ich mich um mich kümmere, kümmere ich mich um dich. Freude und Sicherheit sind keine individuellen Angelegenheiten. Wenn du nicht sicher bist, bin ich nicht sicher. Wenn du lächeln kannst, kann auch ich lächeln. Das ist die Art des Verstehens, die wir brauchen. Und wenn dieses Verstehen in unserem Herzen wohnt, dann können wir andere annehmen, sie einbeziehen und umarmen. Lasst uns auch unseren politischen Führungspersönlichkeiten helfen, dies zu erkennen.

Es gibt in Vietnam eine Art Gemüse, das zur Familie der Zwiebeln gehört. Je mehr man dieses Gemüse zurückschneidet, desto mehr wächst es. Genauso ist es mit der Großzügigkeit.

Es klingt seltsam, aber es stimmt: Je mehr wir geben, desto mehr wachsen wir, desto reicher werden wir. Die Dinge, die wir für uns behalten wollen, können wir verlieren, aber die Dinge, die wir geben, werden für uns als Grundlage unseres Wohlbefindens immer da sein. Die Praxis der Freigebigkeit ist wundervoll und sollte im Geiste der Weisheit geschehen. Die USA zum Beispiel haben viele Dinge gegeben, unter anderem humanitäre Hilfe, aber sie haben es mit der Absicht gegeben, Menschen außerhalb des Landes für ihre nationalen Interessen zu gewinnen. Das Geben ist politisch motiviert. Diese Art der Freigebigkeit bringt nur wenig Verdienst. Die Art des Gebens, von der wir im Buddhismus sprechen, hat keine Hintergedanken. Wir geben einfach, und wir wollen nichts dafür haben. Geben ist kein Handel. Humanitäre Hilfe als Handel praktiziert, ist kein wirkliches Geben. Man sieht, dass jemand etwas braucht, man gibt es und man vergisst es. Man sagt nicht: Ich habe dir sehr geholfen, nun musst du dieses oder jenes für mich tun, das wäre kein Geben.

Gebender und Empfangender sind eins

Im wirklich freien Geben gibt es keinen Gebenden, es gibt keinen Empfangenden, es gibt kein Objekt des freien Gebens. Wir tun es ganz natürlich, so wie wir atmen.

Wahres Geben kann nur aus der Weisheit der Nicht-Unterscheidung heraus erfolgen. Und die Weisheit der Nicht-Unterscheidung ist eine Realität, die wir überprüfen und aus der wir lernen können.

Unser Körper ist ein schönes Beispiel: Wenn wir uns zum Beispiel an der linken Hand verletzen, wird sich die rechte sofort um die linke kümmern, die Beine werden sich in Bewegung setzen, um einen Verband zu besorgen. Alle Teile wissen, dass sie ein Ganzes bilden, dass die linke Hand auch die rechte Hand ist, dass sie ohne einander nicht sein können. Wir sind *eine* Realität, wir sind eins, das Leben ist eins.

Wenn Freigebigkeit im Geist der Nicht-Unterscheidung praktiziert wird, sind wir glücklich und hören nicht auf zu geben. Und wir geben nicht nur Goldstücke. Manchmal haben wir kein einziges Goldstück, aber wir geben trotzdem. Ein Lächeln, ein liebevoller Blick voller Mitgefühl sind Geschenke. Es gibt viele Geschenke. Wir sind viel reicher, als wir vielleicht glauben. Wir können vielen Menschen Freude bereiten, selbst wenn wir keinen Cent in der Tasche haben.

Die Praxis des Gebens ist wunderbar.

Die dritte Achtsamkeitsübung

Sexuelle Verantwortung

Im Bewusstsein des Leidens, das durch sexuelles Fehlverhalten entsteht, bin ich entschlossen, Verantwortungsgefühl zu kultivieren und Wege zu erlernen, die Sicherheit und Integrität von Individuen, Paaren, Familien und der Gesellschaft zu schützen. Ich bin entschlossen, keine sexuelle Beziehung einzugehen ohne Liebe und die Bereitschaft zu einer langfristigen und verantwortlichen Bindung. Um mein eigenes Glück und das der anderen zu bewahren, bin ich entschlossen, meine Bindungen und die anderer zu respektieren. Ich will alles tun, was in meiner Macht steht, um Kinder vor sexuellem Missbrauch zu schützen und um zu verhindern, dass Paare und Familien durch sexuelles Fehlverhalten auseinander brechen.

Leerer Sex

Mit »leer« meine ich in diesem Zusammenhang ohne Liebe, ohne Verantwortung, ohne Kommunikation und gemeinsames Verstehen zwischen den Beteiligten. In unserer modernen Gesellschaft haben oft schon sehr junge Menschen, die erst zwölf, dreizehn, vierzehn Jahre alt sind, Sex. Mir kommt das recht gefährlich vor. Diese Art Sex kann man als »leeren Sex« bezeichnen. Wenn man damit erst einmal angefangen hat, wird die Chance zu tiefer Kommunikation, einem tiefen Sich-aufeinander-Einlassen sehr gering. Wie dieses Problem zu lösen ist, weiß ich nicht, wir sollten uns aber damit beschäftigen.

Viele glauben, dass unser Gefühl der Einsamkeit durch sexuelle Beziehungen überwunden werden kann. Es gibt sogar Menschen, die meinen, Sex miteinander zu haben sei die beste Methode, den anderen kennen zu lernen. Ich bin jedoch der Ansicht, dass Sex, wenn keine gemeinsames tiefes Anliegen, keine echte Kommunikation und kein gegenseitiges Verstehen da sind, etwas sehr Destruktives sein kann. Zuallererst sollten wir begreifen, dass das Zusammenkommen zweier Körper das Gefühl der eigenen inneren Einsamkeit niemals auflösen kann. Schlimmer noch, es kann einen Abgrund zwischen den Beteiligten erzeugen, und ihre Einsamkeit wird größer und leidvoller als zuvor. Die Menschen sind nun neben ihrer Einsamkeit auch noch frustriert, denn sie hatten geglaubt, Sex werde ihnen helfen. Wirkliche Kommunikation kann nur durch tiefes Schauen, tiefes Zuhören zustande kommen. Wenn diese Art der Beziehung zwischen zwei Seelen noch nicht erreicht ist, sollte auch das körperliche Zusammenkommen nicht stattfinden.

Die sexuelle Vereinigung kann sehr schön, sehr spirituell und auch sehr heilig sein, wenn sie mit tiefem Verstehen, tiefer Absicht einhergeht. Wir wissen, dass Sexualität den Fortbestand unserer Spezies sichert und sexuelle Energie etwas ganz Natürliches ist. Viele

Menschen haben Probleme, weil ihre sexuelle Energie überwältigend stark ist. Wir sollten diese Art der Energie also kontrollieren können, ansonsten wird sie uns Leiden bringen. Sie kann uns dazu bewegen, Dinge zu sagen oder zu tun, die eine Menge Schaden anrichten. Viele Familien wurden schon zerstört, viele Kinder missbraucht, die dann ihr Leben lang darunter leiden, weil Menschen nicht mit ihrer Sexualität umgehen können.

Achtung vor unserem Körper

Sexuelle Aktivität kann uns viel Vergnügen bereiten, wie wenn wir ein Eis essen oder eine Banane – nur dafür brauchen wir keine langfristige Verpflichtung. Aber der Mensch, mit dem wir Sex haben, ist kein Eis und keine Banane. Viele Menschen leiden sehr darunter, ihrem Körper gegenüber nicht genügend Achtung entgegenzubringen. Wer seinen Körper nicht ausreichend respektiert, dem fehlt es an Selbstrespekt. Unser Körper ist heilig, er kann nicht nur als Instrument des Vergnügens angesehen werden. Nach unserer Lehre sind Körper und Seele eins. In unserem Herzen gibt es Regionen, die wir nicht mit jedermann teilen wollen. Auch in unserem Bewusstsein gibt es diese besonderen geheimen Orte, die wir nur mit einem Partner, einer Partnerin unseres besonderen Vertrauens teilen mögen, mit Menschen, die wir sehr lieben. In meiner Kultur sieht man den Körper ebenso an: Auch er hat verbotene Regionen, die nur denen vorbehalten sind, denen wir besondere Liebe und Vertrauen entgegenbringen. Wenn wir es zulassen, dort ohne Vertrauen und Respekt besucht zu werden, so bedeutet das, dass wir uns selbst nicht ausreichend respektieren. Das wird zu einer Quelle späteren Leidens werden.

Für mich gibt es keine Trennung zwischen Körper und Geist. Unsere Integrität, unser Selbstrespekt beinhalten beide. Wenn wir aber schon uns selbst nicht wirklich achten und respektieren, dann werden wir weder uns selbst noch andere wirklich lieben können.

Wahre Liebe basiert auf Respekt. Auch zwischen Paaren. Jeder muss den anderen achten, sonst wird die Liebe nicht lange anhalten. Die sexuelle Vereinigung sollte wie ein Ritual vollzogen werden – mit ganzem Herzen, dem ganzen Bewusstsein, wie ein heiliger Akt. Wenn der andere müde ist oder sich nicht bereit fühlt, dann hat derjenige, der dennoch darauf besteht, keinen Respekt für den anderen. Dann liebt er nicht tief genug. In unserer Hochzeitszeremonie verbeugen sich Braut und Bräutigam zuerst vor den Ahnen, wenden sich dann zueinander und berühren die Erde in tiefer Verbeugung zweimal, um ihren gegenseitigen Respekt zu zeigen.

Darauf basiert der Satz in der dritten Achtsamkeitsübung, dass Sexualität nicht ohne Liebe und langfristige Verantwortung gelebt werden sollte – das heißt: nicht ohne tiefen Respekt. Diese Vorstellung gibt es nicht nur im Buddhismus, sondern in vielen anderen Kulturen und Traditionen auch.

Aufmerksames Zuhören und liebevolles Sprechen

Im Bewusstsein des Leidens, das durch unachtsame Rede und aus der Unfähigkeit, anderen zuzuhören, entsteht, bin ich entschlossen, liebevolles Sprechen und tiefes Zuhören zu kultivieren, um anderen Freude und Glück zu bereiten und ihr Leiden lindern zu helfen. Im Wissen, dass Worte sowohl Glück als auch Leiden hervorrufen können, bin ich entschlossen, nichts Unwahres zu sagen und Worte zu gebrauchen, die Selbstvertrauen, Freude und Hoffnung fördern. Ich werde keine Nachrichten verbreiten, ohne ganz sicher zu sein, dass sie der Wahrheit entsprechen, und werde nichts kritisieren oder verurteilen, worüber ich nichts Genaues weiß. Ich will Äußerungen unterlassen, die Uneinigkeit oder Zwietracht verursachen können oder die dazu führen können, dass Familien oder Gemeinschaften zerbrechen. Ich bin entschlossen, alle Anstrengungen zur Versöhnung und Lösung aller Konflikte zu unternehmen – so klein sie auch sein mögen.

Tiefes Zuhören

Die modernen Kommunikationsmöglichkeiten erleichtern unser Leben in vielerlei Hinsicht. Wir haben Email, Fax und Telefon. Wir können ständig Neuigkeiten von der einen zur anderen Seite des Planeten senden. Aber die Kommunikation zwischen Eltern und Kindern, zwischen Menschen, die zusammenleben, ist sehr schwierig geworden. Wir verbringen Stunden an unserem Computer, ohne den Menschen neben uns, der uns liebt und der sich um uns sorgt, überhaupt wahrzunehmen. Wir lassen uns von so vielen Dingen entfremden. Zu lernen, ganz tief zuzuhören, hilft uns, die Kommunikation untereinander wieder herzustellen.

Hundert Prozent gegenwärtig sein

Um tief zuzuhören müssen wir hundert Prozent gegenwärtig sein. Wenn wir mit unserer ganzen Aufmerksamkeit zuhören, lassen wir Vergangenheit und Zukunft hinter uns und konzentrieren uns ganz auf die andere Person. Wir haben diese Fähigkeit, aber wir benutzen sie nur ganz selten. Normalerweise sind wir in Gedanken über Vergangenes oder Zukünftiges gefangen und hören nur mit halbem Ohr zu.

Selbst wenn wir einem anderen Menschen gut zuhören, kann es sein, dass wir eine Vorstellung, ein Vorurteil über ihn und dem, was er sagt, entwickeln. Unsere Gewohnheitsenergie bringt uns dazu zu beurteilten, ob das, was er sagt, richtig oder falsch ist. Und wenn er spricht, sind es nicht seine Worte die wir hören, sondern nur unsere Vor-Urteile. Wir sollten lernen, weit zu werden. In der Weite, im Raum, kann alles stattfinden. Sind wir undurchdringlich wie eine Wand, wird alles, was die andere Person sagt, abprallen und zu ihr zurückgeworfen, und sie wird keine Erleichterung finden. Ein vietnamesischer Musiker sagte einmal: Wir müssen weiter Raum sein, damit die Liebe eintreten kann. Wir müssen uns befreien, müssen uns von vorgefertigten Ideen leeren, damit wir im Herzen der andern Person präsent sein können, in ihren Ängsten und ihren Schwierigkeiten.

Wenn Menschen in Praxiszentren kommen, verhalten sie sich oft so, als wäre für sie alles in Ordnung. Erst nach einigen Tagen beginnen sie, einige ihrer Schwierigkeiten mitzuteilen. Was sie zunächst sagen, ist nicht die tiefste Wahrheit, es ist oft nur die Oberfläche, weil sie Angst davor haben, beurteilt oder verurteilt zu werden. Aber wenn wir tief zuhören, selbst dann wenn ein Mensch sich wiederholt, und zu verstehen versuchen, was gesagt wird und auch was ungesagt bleibt, können wir vielleicht den Kern erkennen und die richtigen Fragen stellen, um zu helfen.

Liebevolles Sprechen und mitfühlendes Zuhören

Es ist nicht einfach, mitfühlend zuzuhören. Wenn wir uns nicht darin üben, wird es sehr schwierig, anderen Menschen wirklich zuzuhören. Wir wissen, dass es viele Paare gibt, die nicht aufeinander eingehen können. Es gibt Väter, die unfähig sind mit ihren Söhnen und Töchtern zu kommunizieren. Es gibt Mütter, die nicht fähig sind, mit ihren Kindern wirklich zu sprechen, selbst wenn sie es noch so sehr wollen. Sie wünschen sich, dass sie mit ihrer Tochter und ihrem Sohn oder ihrem Partner kommunizieren können, aber sie schaffen es nicht. Sie mögen entschlossen sein, mit liebevollen Worten zu sprechen und mitfühlend zuzuhören. Ohne Übung wird eine solche Person schon nach wenigen Minuten des Zuhörens oder des Erzählens darüber, was in ihr vorgeht, aufgeben. Leid und Ärger können so groß und vorherrschend in ihrem Herzen geworden sein, dass das Gehörte ihre

Samen von Wut, Gewalt und Verzweiflung berührt und dass diese Samen, während sie weiter zuhört, begossen werden. Sie ist unfähig, weiter zuzuhören, obwohl sie sich große Mühe gibt.

Wir wissen, dass bei einem Menschen, der entschlossen ist, mit liebender Güte zu sprechen, der gute Wille vorhanden ist. Aber während er zu sprechen fortfährt, werden vielleicht das Leiden, die Verzweiflung, die Reizbarkeit oder die Wut in ihm berührt. Deswegen wird sein Sprechen bald voller Verurteilung, Schuldzuweisung und Ärger sein, und für die andere Person wird es unerträglich, weiter zuzuhören.

Wir sollten lernen, einem Menschen zuzuhören, mit dem einzigen Ziel, ihm die Möglichkeit zu geben sein Herz auszuschütten. Wenn wir fähig sind, Bewusstheit und Mitgefühl in uns lebendig zu erhalten, dann sind wir in der Lage, über eine Stunde nur zuhören, selbst wenn das, was die andere Person sagt, eine

Menge falscher Wahrnehmungen, Verurteilungen und Bitterkeit enthält. Wir können weiter zuhören, weil wir bereits durch den Nektar des Mitgefühls in unserem Herzen beschützt werden. Um unser Mitgefühl lebendig zu erhalten, ist es wichtig, dass wir gegenwärtig sind, dass wir achtsam unserem Atem folgen, sonst werden wir unsere Fähigkeit, zuzuhören, verlieren. Reizbarkeit und Ärger werden aufsteigen, die andere Person wird es bemerken, und sie wird nicht in der Lage sein, weiterzusprechen.

Wir versuchen nicht, die falsche Wahrnehmung zu korrigieren, während wir zuhören. Wir sagen nur: Es tut mir leid, dass du so leidest. Später, vielleicht in ein paar Tagen oder Wochen, werden wir sicherlich eine günstige Gelegenheit finden, der anderen Person die Informationen anzubieten, die sie braucht, um Ihre Wahrnehmungen zu korrigieren. Aber wir versuchen nicht, alle falschen Wahrnehmungen auf einmal zu berichtigen. Wahrheit kann heilsam sein, aber sie sollte nur in kleinen Dosen über eine längere Zeit verabreicht werden. Wenn wir den anderen Menschen dazu zwingen, die ganze Medizin auf einmal zu schlucken, wird er sterben.

Das Ziel tiefen Zuhörens ist Verständnis. Wenn jemand leidet und eine Person findet, die gewillt ist und die Fähigkeit hat, still bei ihr zu sitzen und zuzuhören, so kann das eine große Ermutigung sein. Ganz gleich, ob das, was der andere sagt, einfach oder schockierend ist, wir weisen es nicht zurück. Wir üben uns im Zuhören, um zu verstehen. Und das ist heilsam für uns und den anderen Menschen.*

* Mehr zur Praxis des tiefen Zuhörens und der heilsamen Kommunikation finden Sie in Thich Nhat Hanh, *Jeden Augenblick genießen*, S. 74 – 81, Berlin: Theseus, 2004

Achtsamer Umgang mit Konsumgütern

Im Bewusstsein des Leidens, das durch unachtsamen Umgang mit Konsumgütern entsteht, bin ich entschlossen, auf körperliche und geistige Gesundheit zu achten – sowohl meine eigene als auch die meiner Familie und meiner Gesellschaft –, indem ich achtsames Essen, Trinken und Konsumieren praktiziere. Ich will nur das zu mir nehmen, was den Frieden, das Wohlbefinden und die Freude in meinem Körper, meinem Bewusstsein und im kollektiven Körper und Bewusstsein meiner Familie und Gesellschaft erhält. Ich bin entschlossen, weder Alkohol noch andere Rauschmittel zu mir zu nehmen und keine Nahrungsmittel oder andere Dinge zu konsumieren, die Gifte enthalten, wie zum Beispiel bestimmte Fernsehprogramme, Zeitschriften,

Bücher, Filme und Gespräche. Ich bin mir bewusst, dass ich das Vertrauen meiner Vorfahren, meiner Eltern, meiner Gesellschaft und zukünftiger Generationen missbrauche, wenn ich meinen Körper oder mein Bewusstsein derart schädigenden Einflüssen aussetze. Ich werde daran arbeiten, Gewalt, Angst, Ärger und Verwirrung in mir selbst und in der Gesellschaft zu transformieren, indem ich eine angemessene körperliche und geistige Nahrung zu mir nehme. Ich weiß, dass eine bewusste Lebensweise entscheidend ist für meine eigene Veränderung und für die Veränderung der Gesellschaft.

Die erste Art Nahrung ist essbare, physische Nahrung.

Wir wissen genau, dass das, was wir essen und trinken, sehr wichtig ist für unsere körperliche und geistige Gesundheit.

Wir essen das Fleisch und das Blut unserer Kinder und unserer Eltern

Wir sollten so essen, dass Mitgefühl in uns lebendig bleiben kann. Wenn wir tief schauen, sehen wir, dass wir bisher noch kaum auf diese Weise gegessen haben. Durch unsere Art der Ernährung zerstören wir viel. Die UNESCO berichtet, dass jeden Tag rund 40 000 Kinder verhungern. Das Fleisch, das wir essen, ist letztendlich das Fleisch unserer Söhne und Töchter. Denn was sonst sind diese 40 000 Kinder? Man braucht eine Menge Getreide, um ein Kilogramm Fleisch zu bekommen. Das Getreide könnte vielen

Menschen als Nahrung dienen. Wenn wir Schnaps trinken, sollten wir wissen, dass auch dafür viel Getreide verwendet wurde. Unachtsamer Konsum lässt uns ganz real das Fleisch unserer Kinder essen und ihr Blut trinken. Das Gesicht der ganzen Erde würde sich verändern, wenn die Menschen der westlichen Welt den Fleisch- und Alkoholkonsum nur um 50 % reduzieren würden.

Wissen wir, wo unsere Nahrung herkommt? Hat sie vielleicht das Fleisch und Blut unserer Vorfahren gekostet? Wenn wir unseren Planeten ausbeuten, zerstören wir damit unsere Umwelt, die Luft, das Wasser, den Boden. Die Erde ist unsere Mutter. Wie wir unsere Nahrung anbauen, zeigt, ob wir dabei das Fleisch unserer Mutter verzehren oder nicht.

Wenn wir unserem Körper Schaden zufügen, essen wir damit das Fleisch unserer Eltern. Wir haben unseren Körper von unseren Eltern erhalten, er war zunächst gesund. Vergiften wir uns, verzehren wir damit auch das

Fleisch unserer Eltern. Wir müssen uns um unseren Körper kümmern, damit wir ihn gesund an unsere Kinder weitergeben können.

Die zweite Art Nahrung sind unsere Sinneseindrücke.

Unsere dünne Kuhhaut

Hierbei konsumieren wir nicht mit dem Mund und Magen, sondern mit Augen, Ohren, Nase, Körper und Geist. Auch solche Nahrung dringt jeden Tag in uns ein, ständig sind wir ihr ausgesetzt. Was wir sehen, hören, berühren und denken, ist eine Nahrungsquelle. Das können freudvolle, positive Dinge sein, es können aber auch Ärger oder Verzweiflung sein. Hass, Wut und Depression können wir aus Unterhaltungen, aus Zeitungsartikeln und aus Fernsehprogrammen aufnehmen. Wir müssen sehr vorsichtig sein, was wir als Nahrung durch die Sinneseindrücke konsumieren.

Der Buddha hatte dafür ein sehr drastisches Bild. Er beschrieb eine Kuh mit einer schlimmen Hautkrankheit. Sie war so krank, dass fast gar kein Stückchen Haut an ihr mehr intakt war. Wenn die Kuh an Orte kam, wo es stechende, beißende und blutsaugende Insekten gab und sie ihnen ihren ungeschützten Körper aussetzen musste, wurden diese schon vom Geruch ihres Körpers angezogen. Sie bissen die Kuh, saugten sich an ihr fest und fraßen sie schließlich auf.

Ohne Achtsamkeit geht es uns wie dieser Kuh. Auch wir haben heute fast keine Haut mehr und sind den Angriffen aller Arten von Geräuschen, Anblicken, Berührungen und Gedanken schutzlos ausgeliefert. Viele davon sind hochgiftig, und wir sind leicht ihr Opfer. Durch Augen, Ohren, Körper und Geist nehmen wir sie permanent in uns auf. Wenn wir depressiv werden, wenn sich in uns Verzweiflung ausbreitet, dann deshalb, weil die Gifte in uns zu stark geworden sind, um noch von uns verdaut zu werden.

Deshalb ist es so wichtig, achtsam dafür zu sein, was wir zu uns nehmen. Wir sollten uns eine regelrechte Strategie des Konsums erarbeiten. Die ganze Familie kann sich zusammensetzen und diskutieren, was sie an Sinneseindrücken aufnehmen kann, welche Zeitschriften sie lesen sollte, welche Fernsehprogramme, Gespräche, Kontakte zu Freunden ihr nutzen oder schaden.

Die Sinne sind die Eingangstore zu unserer inneren Burg, und wir sollten an jedem eine Wache postieren. Vielfach werden uns Vorteile versprochen, wenn wir bestimmte Produkte nachfragen, und man versucht, uns zu beeinflussen und zu manipulieren. Wir sollen viele Dinge konsumieren, auch solche, die uns und unsere Kinder zerstören können. Und im Namen der persönlichen Freiheit lassen wir uns davon manipulieren und schädigen. Wir sollten es nicht zulassen, uns durch Alkohol, Drogen, Tabak, Medien, Fernsehprogramme und Werbung missbrauchen zu lassen. Wir müssen den Dingen widerstehen lernen, die man uns ständig und überall verkaufen möchte. Sie werden uns so angeboten, als ob wir ohne sie niemals glücklich sein könnten. Glück hat aber nichts mit Konsumprodukten zu tun, Glück entsteht aus unserem Frieden, aus Freiheit und Achtsamkeit.

Wir sollten uns um eine neue Kuhhaut, eine neue schützende Hülle bemühen, die uns diese Gifte vom eigenen und vom kollektiven Leib der Gesellschaft hält. Wenn wir den festen Entschluss fassen, nichts zu konsumieren, das uns schadet, dann ist dies bereits der Beginn unserer Befreiung. Wir sollten dies als Individuum, als Familie, in unserem Beruf als Erzieherin, Journalist oder Filmemacherin praktizieren und dabei folgende Lehre des Buddha beherzigen: Wenn wir die Zustände verstehen, die jetzt gegenwärtig vorherrschen, dann sehen wir auch die Quellen, aus denen sie genährt worden sind. Wir wissen dann, was wir vermeiden müssen, um die Zustände zu verändern.

Die dritte Quelle von Nahrung sind unsere Absichten.

Die glühenden Kohlen

Jeder von uns hat ein inneres Wollen, von dem er genährt wird. Es kann heilsam oder unheilsam sein, aber es liefert uns in jedem Fall die Energie dafür, mit dem, was wir tun, weiterzumachen. Unser Leben sollte einen Sinn haben. Dieser Sinn gibt ihm Bedeutung und versorgt uns mit der notwendigen Kraft, um fortzufahren. Ein Mensch, der das nicht mehr möchte und lieber sterben will, verfügt über diese Art der Nahrung nicht mehr. Wenn wir leben wollen, dann wollen wir leben, um etwas zu sein, etwas zu tun, etwas zu realisieren, um unsere Absichten zu verwirklichen.

Der Buddha hatte nicht die Absicht, König oder Politiker zu werden. Sein Wollen war darauf gerichtet zu praktizieren, um von seinen Unzulänglichleiten, seinem Leiden befreit zu werden und um anderen Menschen und Wesen zu helfen. Der Buddha hatte also ein ganz bestimmtes eigenes Bestreben. Er erkannte, dass die Menschen litten. Sie litten aus Hass, Begierden, Eifersucht, Diskriminierung und Ähnlichem. Aufgrund all dieser Unzulänglichkeiten waren sie nicht in der Lage, das Leiden der Gesellschaft zu ändern. Deshalb beschloss er, Mönch zu werden. Viele Jahre lang hat er geübt und seine Weisheit an andere Menschen weitergegeben.

Der Buddha hatte eine bestimmte Absicht: sein eigenes und das Leiden anderer zu beenden. Dies ist eine heilsame Absicht. So ein Wunsch lässt andere nicht leiden, und es lässt auch uns selbst nicht leiden. Streben wir etwas an, das unheilsam ist, werden wir höchstwahrscheinlich selbst darunter zu leiden haben und wir schaden anderen damit.

Wenn eine Bombe in einer Universität in Israel explodiert, werden Tausende getötet und verletzt. Die Folge davon ist, dass die Israelis keine Araber mehr an ihren Universitäten dulden. Wir sehen, dass solche Eskalationen von Gewalt immer noch mehr Gewalt und Leiden bewirken, denn sie geschehen mit der Absicht zu bestrafen. Nur wenn wir Frieden und Freiheit in uns haben, sind wir wirklich glücklich. Freiheit heißt frei sein von Suchtverhalten, von Ärger und Hass. Der Zustand, in dem man nichts mehr unbedingt haben muss, ist ein wundervoller Zustand. Wenn wir uns darin befinden, wissen wir, dass wir ein glücklicher Mensch sind. Freiheit ist Freiheit von unheilsamen Absichten.

Deshalb sollte jeder tief in sein Inneres und in sein eigenes tiefstes Bestreben hineinschauen und dessen Natur erkennen lernen. Was ist es, das ich anstrebe? Von welcher Natur ist meine vorherrschende Absicht? Dies ist ein wichtiges Objekt unserer Meditation. Wenn es mein tiefster Wunsch ist, zu rächen, zu strafen, möglichst viel Sex zu haben, mehr Ruhm, mehr Profit zu bekommen, dann weiß ich, dass ich eine Menge Probleme bekommen werde und viel leiden muss.

Der Buddha hatte auch hierfür ein drastisches Bild zur Verdeutlichung: »Da ist ein junger lebensfroher Mensch. Er möchte nicht sterben, aber er wird von zwei starken Männern weggeschleppt. Sie versuchen, ihn in eine Grube glühender Kohlen zu werfen, in der er verbrennen muss. Unsere dritte Nahrung, das tiefe Bestreben nach etwas, ist so stark, dass es uns in eine brennende Hölle ziehen kann.« Auch wenn Sie eigentlich weder leiden noch brennen wollen, Ihre Absichten, Ihre inneren Bestrebungen zerren Sie in die Richtung des Leidens. Deshalb sollten wir frei werden von diesen zwei starken Männern in uns. Wenn wir tief in uns schauen und feststellen, dass unsere derzeitigen vorherrschenden Absichten nicht gesund für uns sind, dann sollten wir sie möglichst schnell loszuwerden versuchen.

Die vierte Art Nahrung sind die Zustände unseres Geistes, die geistigen Formkräfte

Das Bewusstsein reinigen

Gedanken und Gefühle fließen unaufhörlich in uns wie Bäche, Flüsse und Ströme. Wir füttern unser Bewusstsein jeden Augenblick unseres täglichen Lebens mit ihnen. Das Bewusstsein enthält alles, also auch eine Menge falscher Wahrnehmungen und eine Menge Unzulänglichkeiten, die daraus resultieren. In den buddhistischen Schriften heißt es, dass das Bewusstsein von den geistigen Formkräften abhängig ist und umgekehrt. Diese Formkräfte sind die Zustände unseres Geistes. Sie resultieren aus Unwissenheit. Die buddhistische Psychologie kennt 51 solcher Formkräfte. Darunter sind positive Kräfte wie Mitgefühl, Gleichmut, liebende Güte, Treue und so weiter. Aber es gibt auch negative wie Gier, Diskriminierung, Angst und Wut. Mit all dem füttern wir andauernd unser Bewusstsein. Jeden Tag aufs Neue lassen unsere verzerrten Wahrnehmungen Gier, Angst und Gewalt entstehen. Wie Flüsse strömen sie immerzu in unseren individuellen und kollektiven geistigen Ozean.

Verzerrtes Bewusstsein ist nicht das Gegenteil von Weisheit. Wenn unser Bewusstsein von Illusionen gereinigt ist, ist es Weisheit. Es ist wie ein großer Spiegel, der die Wirklichkeit reflektiert. Das Objekt unseres normalen Bewusstseins ist jedoch meist ein verzerrtes Bild der Realität.

Es ist unsere Aufgabe, das vorhandene Bewusstsein zu reinigen. Wie können wir das tun? Es ist genauso wie mit einem Glas schlammigen Wassers. Um ein Glas klaren Wassers zu bekommen, dürfen wir nicht etwa das schmutzige wegschütten. Wir müssen es filtern. Wenn wir das Bewusstsein wegwerfen, erhalten wir niemals Weisheit. Aus unserem Bewusstsein manifestiert sich unser Körper und Geist. Sie sind eine direkte Verkörperung des Bewusstseins. Wenn das Bewusstsein vergiftet ist, werden sowohl unser Körper als auch unser Geist leiden. Geist meint hier unser Geistbewusstsein, unser Denken. Damit ist das sechste der acht Bewusstseinsarten angesprochen, die wir in der buddhistischen Psychologie kennen. Die ersten fünf sind die Sinnesbewusstseinsarten (Sehen, Hören, Riechen, Schmecken, Fühlen) das siebente ist das Tages- oder Ichbewusstsein und das achte das Speicherbewusstsein, das alle Potentiale, alle Samen enthält.* Je nachdem, welche Samen angesprochen und gewässert werden, lässt das einen Geisteszustand entstehen, der sich nach außen erkennbar als eine Form von Energie manifestiert, zum Beispiel die der Wut. Wir sollten wissen, dass Wut immer latent als Samen in uns vorhanden ist, auch wenn wir gerade nicht wütend sind.

* Ausführlich beleuchtet wird dieses Thema in Thich Nhat Hanh, *Aus Angst wird Mut, Grundlagen buddhistischer Psychologie*, Berlin: Theseus, 2003

Auch die Medizin erforscht heute die psychologischen und physiologischen Manifestationen des Bewusstseins, um unsere körperliche und geistige Gesundheit zu unterstützen. Unser Körper hat eine Umwelt und ebenso unsere Psyche. Alle drei, Körper, Geist und Umwelt sind ein gemeinsames Produkt des kollektiven Bewusstseins. Unsere Medizin muss auch diese Zusammenhänge erforschen und studieren. Wissenschaft hätte keine Tiefe, würde sie das vernachlässigen. Wenn die Umgebung nicht auch miteinbezogen wird, gibt es wenig Aussicht auf Heilung. Auch die beste Behandlung hilft uns, wenn wir krank sind, längerfristig nichts, wenn wir in Kürze wieder genauso ungesund essen, trinken und so weiterleben wie zuvor.

Unsere Energie der Achtsamkeit und Konzentration lässt uns erkennen, wo unser Bewusstsein von Illusionen und unheilsamen Einflüssen genährt wird. Wenn wir uns mit irreführenden Einflüssen voll stopfen lassen, wird sich unser Bewusstsein auch dementsprechend manifestieren. Wir spüren dies dann unmittelbar am Leiden unseres Körpers, unserer Psyche und unserer oft schwerkranken Umwelt.

Anhang

Die Wunder des täglichen Lebens wieder sehen lernen

Wenn wir uns mit den Fünf Achtsamkeitsübungen beschäftigen und sie in unser Leben zu integrieren suchen, dann neigen wir vielleicht dazu, unser ganzes Leben schlagartig umkrempeln zu wollen. Damit überfordern wir uns aber in der Regel. Hilfreicher ist es, das anzuschauen, was bereits da ist, und zu untersuchen, was wir daraus machen können. Dann entdecken wir die Wunder, die das tägliche Leben für uns bereithält.

Achtung vor dem Leben

Das Wunder des Lebens

Wenn wir achtsam sind, können wir immer wieder am Wunder des Lebens teilhaben: unser Körper – ein einzigartiges Wunder. Die

Orangenblüte, aus der eine kleine grüne Kugel entsteht, die zu einer köstlichen Frucht heranreift und wundervoll duftet. Das Lächeln eines alten Mannes. Der neugierige Blick eines Kindes. Die kleine, unscheinbare Raupe, die zum schönen Schmetterling wird. Das kleine Kalb, das auf der Wiese herumtollt, die Kuh, die in der Sonne döst. Die Wolken am Himmel, der Regen, der die heiße Erde kühlt, das Wasser im Bergbach, die glitzernden Tautropfen im Spinnennetz. Der Wind in den Bäumen, der Regenwurm in der Erde. Die singenden Vögel im Baum, die Katze, die am Morgen durch die Wiesen streift, die kleinen Kiesel im Bach, der majestätische Berg in der Ferne, die warme Sonne im Gesicht, der blaue Himmel.

Alles lebt und ist für uns da. Und genauso können wir für alles da sein, unsere Achtung vor diesem wundervollen Leben entwickeln und fördern.

Das Wunder des Teilens, des Loslassens. Gelingt es uns, in Kontakt mit all den kleinen und großen Wundern des Lebens zu gelangen, so können wir uns dem Wunder des Loslassens widmen. Wir erkennen, dass wir gar nicht mehr so viel brauchen, um glücklich zu sein, um uns zu freuen.

Wir entdecken, dass wir in der Fülle leben und sie mit anderen teilen können. Wir können etwas von unserem Besitz abgeben, unser Lächeln großzügig verschenken, unsere Zeit, unsere Erfahrungen mitteilen. Wenn wir nicht mehr alles halten, sind unsere Hände und unser Geist wieder frei für andere Dinge: Wir können unsere Kreativität wieder entdecken, unsere Freiheit von materiellen Gütern.

Auch unsere Vorstellungen, wie etwas zu sein hat, können wir loslassen, uns weiten, wieder neugierig werden auf andere Menschen, andere Kulturen. Je weniger wir festhalten, desto beweglicher werden wir in Körper und Geist. Unsere Großzügigkeit, unsere Herzensweite sind wundervolle Reichtümer.

Sexuelle Verantwortung

Das Wunder einer liebevollen Partnerschaft
Sich auf einen anderen Menschen einzulassen und gemeinsam einen Weg durchs Leben zu suchen kann etwas Wunderbares sein. Jemandem ganz zu vertrauen, sich zu öffnen, verletzlich sein zu dürfen, schwach – aber auch gestärkt durch das Vertrauen des anderen, durch den Rückhalt und die Liebe. Sind wir achtsam für den anderen, seine Sorgen und Nöte, seine Hoffnungen und Träume, entdecken wir den anderen immer wieder in seiner Einzigartigkeit neu, dann bleibt unsere Beziehung lebendig. dann können wir das Wunder der Liebe erfahren – ein so kostbares Geschenk des Lebens.

Aufmerksames Zuhören und liebevolles Sprechen

Das Wunder der Sprache

Mit welcher Freude werden die ersten Worte eines Kindes begrüßt. Wie schnell lernt es zu sprechen. Wie oft sehen wir erstaunt auf ein Kind, das eine für uns so schwere Fremdsprache ganz selbstverständlich artikuliert.

Und mit der Zeit wird Sprache etwas selbstverständliches, wir denken gar nicht mehr darüber nach, wie schön es doch ist, sprechen zu können, uns zu verständigen. Ohne Sprache könnten wir nicht kommunizieren, keine Informationen bekommen, uns nicht austauschen, nicht voneinander lernen. Mit Fremdsprachen erkunden wir andere Kulturen, andere Klänge und staunen, was es alles an Sprachen und Sprachformen gibt.

Wir können unsere Gefühle in Sprache ausdrücken, ganz knapp oder poetisch. Wir können aber auch viel Schaden anrichten und sollten uns unserer Worte, so gut es geht, bewusst sein. Was wollen wir sagen und wie? Ist es hilfreich, angemessen und konstruktiv?

Unser intensives Zuhören kann die Sprache heilen und es kann den Menschen heilen, der uns etwas mitteilt. Wir können unsere Ohren und vor allem unser Herz öffnen für die Sprache der anderen. Dann erleben wir das Wunder heilsamer, liebevoller Kommunikation.

Achtsamer Umgang mit Konsumgütern

Das Wunder der Fülle

Ein Besuch im Kaufhaus kann uns Augen und Sinne übergehen lassen. Wir können uns bezaubern lassen von all den Dingen, die Menschen erzeugt haben: den vielen praktischen, den nützlichen Dingen, die unser Leben bereichern oder erleichtern, den völlig überflüssigen.

Wir staunen angesichts der Fülle an Lebensmitteln, an verschiedensten Teesorten, an Kleidung, Schuhen, Spielzeug, Büchern und dergleichen mehr. Wie viel Mühe, wie viel

Arbeit, wie viel Zeit in all den Angeboten steckt, die man uns präsentiert.

Wenn wir achtsam konsumieren, können wir damit unsere Wertschätzung für all das ausdrücken. Wir schauen auf unsere Bedürfnisse und untersuchen, ob das, was wir konsumieren wollen, wirklich unseren Bedürfnissen entspricht oder wir uns durch Werbung und äußere Einflüsterungen beeinflussen lassen, ob das, was wir konsumieren wollen, uns, den anderen und auch unserer Umwelt gut tut, denn das Wunder der Fülle sollte eines Tages allen Menschen zur Verfügung stehen.

Ursula Hanselmann

Quellenverzeichnis

Alle Beiträge wurden für die vorliegende Ausgabe überarbeitet

Einleitung: »Fünf wunderbaren Achtsamkeitsübungen«
»Neujahrsbotschaft«
Mindfulness Bell Nr. 25, Winter 2000
»Five Wonderful Precepts«
Mindfulness Bell Nr. 2 / Spring Summer 1990
Die erste Übung der Achtsamkeit
»Wir finden uns in allen diesen Dingen – Mensch und Natur – die Umwelt schützen«
Intersein Nr. 20 / Mai 2002
Die zweite Übung der Achtsamkeit
»Bedingungsloses Geben« und »Durch das Tor des Gebens das Tor der Tat öffnen«
Intersein Nr. 22 / Mai 2003
Die dritte Übung der Achtsamkeit
»Verantwortlicher Umgang mit Sexualität – Fragen und Antworten«
Intersein Nr. 24 / Mai 2004
Die vierte Übung der Achtsamkeit
»Cultivating our Bodhisattva Qualities« und »Cultivating Compassion, Responding to Violence«

Mindfulness Bell Nr. 22 / Spring Summer 1990
und Mindfulness Bell Nr. 30 / Winter 2002, 2002
Die fünfte Übung der Achtsamkeit
»Die vier Arten von Nahrung«
Intersein Nr. 23 / November 2003

Die Zeitschrift InterSein

Die Zeitschrift InterSein informiert über Lehre und Praxis von Dhyana-Meister Thich Nhat Hanh und der von ihm entwickelten Plum-Village-Dhyana Schule der Meditation. Sie fördert diesen spirituellen Weg von Liebe und Verstehen in unserem Alltag, in Beruf, Gesellschaft und Familie.

Zum aktuellen Schwerpunktthema aus der buddhistischen Lehre schreiben neben Thich Nhat Hanh weitere namhafte Autoren, erfahrene Lehrerinnen und Lehrer seiner und anderer Traditionen, Mönche und Nonnen aus seinen spirituellen Zentren und Klöstern in Plum Village oder den USA, aber auch die vielen praktizierenden Mitglieder seines Ordens Intersein.

Die Zeitschrift wird von einem ehrenamtlichen Redaktionsteam zusammengestellt, herausgegeben von der Gemeinschaft für achtsames Leben und erscheint zweimal jährlich im Mai und November. (www.intersein-zeitschrift.de)

Die Zeitschrift »Mindfulness Bell«

Die Mindfulness Bell ist ein Magazin, das sich der Kunst des achtsamen Lebens widmet. Sie erscheint 3 Mal jährlich und wird von der Community of Mindful Living herausgegeben. Sie ist Inspiration und Lehrgrundlage für die, die Achtsamkeit im täglichen Leben praktizieren und spiegelt mit ihren Fotos, Zeichnungen und Gedichten die tiefer werdende Praxis der weltweiten Übungsgemeinschaft wieder.
(www.iamhome.org)

Kontaktadressen

Spirituelles Zentrum von Thich Nhat Hanh

Plum Village
New Hamlet
13 Martineau
F-33580 Dieulivol
Tel. : 0033-5-56 61 66 88
Fax: 0033-5-56 61 61 51
www. Plumvillage.org

Näher Informationen für Deutschland

Gemeinschaft für achtsames Leben, Bayern e.V.
Karl Schmied
Postfach 60
83730 Fischbachau
Tel.: 08028-92 81 · Fax: 08028-21 21
www. gal-bayern.de

Seminarangebote für Deutschland

InterSein Zentrum für Leben in Achtsamkeit
Haus Maitreya –
Unterkashof 2 1/3
94545 Hohenau
Tel.: 08558-92 02 52 · www.intersein-zentrum.de

Quelle der Achtsamkeit
Praxiszentrum der Gemeinschaft für Achtsames Leben, Bayern e. V.
Hans-Miederer-Straße 17
83727 Schliersee
Tel.: 08026-67 36 · Fax: 08026-920 58
www.quelle-der-achtsamkeit.de

Quelle des Mitgefühls
Meditationshaus in der Tradition von Plum Village
Heidenheimer Str. 27
13467 Berlin
Tel.: 030-40586540 · Fax: 030-40586541
www.quelle-des-mitgefuehls.de

Thich Nhat Hanh zum Weiterlesen

Der Buddha
Sein Leben, seine Lehren, seine Weisheiten
ISBN 3-89620-185-9

Frei sein, wo immer du bist
ISBN 3-89620-203-0

Der Geruch von frisch geschnittenem Gras
Anleitung zur Gehmeditation
ISBN 3-89620-184-0

Jeden Augenblick genießen
Übungen zur Achtsamkeit
ISBN 89620-231-6

Mit dem Herzen verstehen
ISBN 3-89620-139-5

Das Wunder der Achtsamkeit
ISBN 3-89620-173-5

Das Wunder des bewussten Atmens
ISBN 3-89620-149-2

Theseus im Internet: www.Theseus-Verlag.de
Wir senden Ihnen gern unseren Gesamtprospekt zu.

Bibliografische Information Der Deutschen Bibliothek
Die Deutsche Bibliothek verzeichnet diese Publikation in der Deutschen Nationalbibliografie; detaillierte bibliografische Daten sind im Internet über http://dnb.ddb.de abrufbar.

ISBN 3-89620-257-X

Originalausgabe

Zusammenstellung und Bearbeitung: Ursula Hanselmann
Lektorat: Ursula Richard

Umschlaggestaltung: Morian & Bayer-Eynck, Coesfeld, www.mbedesign
Gestaltung und Satz: AS Typo & Grafik, Berlin
Druck: GGP Media GmbH, Pößneck
Printed in Germany

Gedruckt auf alterungsbeständigem Papier mit chlorfrei gebleichtem Zellstoff.